ESELSBRÜCKEN

Helga Schmidt

ESELSBRÜCKEN

So helfen Sie Ihrem Gedächtnis auf die Sprünge

EDITION XXL

Inhalt

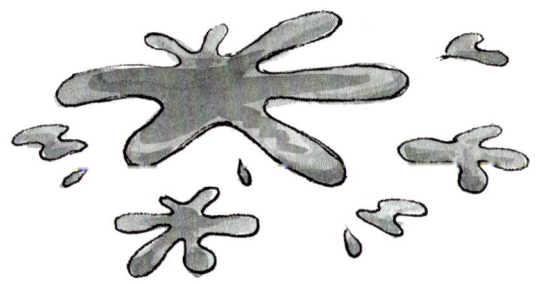

Bekannt und hilfreich:

Merkhilfen nicht nur für Schüler und Lehrer

Einführung

Was sind Eselsbrücken?

Esel gelten bekanntlich als stur und störrisch.
Und wenn es etwas nicht will, das Grautier, dann
tut es das auch nicht. Esel sind ziemlich wasser-
scheu und deshalb weigern sie sich beharrlich,
auch nur das kleinste Rinnsal zu überqueren,
weshalb der Mensch schon mal gezwungen wird,
dem sonst meist freundlichen Tier mit den großen
Ohren eine kleine Brücke zu bauen, eine Eselsbrücke eben (lat. pons ansinorum).

Die Eselsbrücke ist also ein kleiner Umweg, eine
Hilfe, um mit dem Eselchen doch noch ans Ziel zu
kommen.

Das Lexikon irrt sicher, wenn es behauptet, dass die
Eselsbrücke ein „bequemes Hilfsmittel für Träge und
Einfältige" sei. Nein, das ist sie ganz gewiss nicht,

sondern eine clevere Gedächtnisstütze für das Erlernen und Behalten von Fakten. Sie hilft nicht nur dem grauen Tier, sondern auch unseren grauen Zellen, unbekanntes Wissen einfacher abzuspeichern.

Da sind so bekannte Eselsbrücken aus unserer Schulzeit wie

„Wer nämlich mit ‚h‘ schreibt, ist dämlich."
„3 3 3, bei Issos Keilerei",

an die man sich noch im Greisenalter erinnert.

In dieser Sammlung begegnen wir aber nicht nur den bekannten und berühmten Vertretern der Spezies Eselsbrücke wieder, sondern treffen auch auf viele weniger bekannte.

Einführung

Mit welchen Mitteln und Techniken werden Eselsbrücken gebaut?

Das Erlernen von Faktenwissen ohne inneren und logischen Zusammenhang fällt oft schwer. Eselsbrücken sollen „merkwürdige" Assoziationen herstellen. Sie sind Strategien, um Wissen, das für die Schule oder den Alltag benötigt wird, auf Dauer im Gedächtnis zu behalten und sich bei Bedarf einfach wieder daran zu erinnern.
Übliche Merkhilfen sind z. B.

Reime:
„Da, wo man redet, sagt und spricht,
vergiss die kleinen Zeichen nicht."

Ein Sachverhalt wird in eine kleine Erzählung eingebettet:
„7 5 3, Rom schlüpft aus dem Ei."

Man nimmt ein bekanntes Bild zu Hilfe:

„Zunehmender Mond: Die Sichel entspricht der Form des Z in der Schreibschrift.“

Übereinstimmende Farben können als Merkhilfe dienen:

Die Farben der Pole auf dem Magnetkompass:

Nordpol = rot – Südpol = grün

Oft bewähren sich Anfangsbuchstaben oder daraus abgeleitete Kunstwörter als praktische Gedächtnishilfe:

Reihenfolge der Geigensaiten G D A E:

„Geh, du alter Esel.“

Einführung

Lernen und Gedächtnis

Nahezu alle unsere Fähigkeiten müssen wir durch Lernprozesse erwerben. Die Forschung hat festgestellt, dass für uns Menschen das Lernen nicht erst beginnt, wenn wir auf die Welt gekommen sind, sondern schon früher im Mutterleib, so wie sich das Gehirn entwickelt.

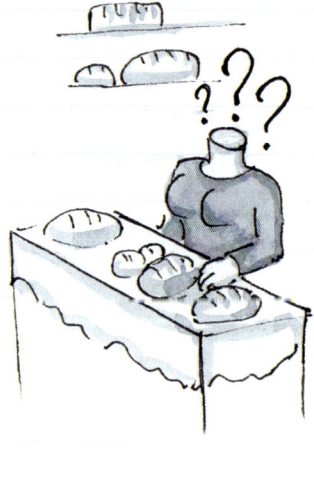

Die Themen Lernen, Gedächtnis und Kreativität begleiten uns durch unser ganzes Leben: Als Kind müssen wir das ABC lernen und das kleine und große Einmaleins dauerhaft im Gedächtnis abspeichern. Das geht dann im Erwachsenenalter weiter mit Kursen an der Fernuniversität oder dem Lernen der fremden Sprache des geliebten Ferienlandes.

Da wir alle immer älter werden und ganz offensichtlich lebenslang weiterlernen müssen bzw. sollen und auch wollen, ist es gut zu wissen, dass unser Gehirn bis ins höchste Alter in der Lage ist, neues Wissen zu speichern.

Lernen und Gedächtnis sind im praktischen Leben nicht voneinander zu trennen. Unter Gedächtnis versteht man die Fähigkeit des Nervensystems, aufgenommene Informationen zu behalten, zu ordnen und wieder abzurufen.

Einführung

Das Gedächtnis kann man sich auch als einen sehr großen Schrank mit zahlreichen Schubladen vorstellen. Wenn man nichts hineinlegt, bleiben Schubladen und Schrank leer. Ein Gedächtnis ohne Lernen würde leer bleiben und damit funktionslos sein.

Aber auch das Lernen wäre ohne das Gedächtnis eine sinnlose und niemals zu bewältigende Sisyphusarbeit, denn: Wohin mit dem Gelernten, wenn nicht ins Gedächtnis?

Eselsbrücken können nicht nur helfen, Lernstoff zu verarbeiten und lange im Gedächtnis zu verankern, sondern auch immer wieder die richtige Verbindung zu diesem Ankerplatz im Gedächtnis herzustellen.

Das menschliche Gedächtnis ist assoziativ aufgebaut. Deshalb fällt das Erlernen von Fakten ohne inneren und logischen Zusammenhang oft schwer.

Etwas, das man nicht verstanden hat, kann man sich nur schwer merken. Eselsbrücken als Gedächtnisstützen für das Erlernen und Behalten von Fakten gehören eindeutig zu den beliebtesten Lern- und Gedächtnisstrategien von Schülern, Studenten und Lehrern.

Einführung

Einerseits kann der älter werdende Mensch noch immer dazulernen, andererseits lässt sein Gedächtnis natürlicherweise nach. Es gibt allerdings auch andere Ursachen dafür, dass wir vergesslich werden. Der häufigste, aber oft doch vermeidbare Grund ist Stress.

Gehirn-Jogging heißt für den älter werdenden Menschen, dass er nicht nur seine Muskeln trainiert, sondern auch sein Gehirn, d. h. sein Gedächtnis regelmäßig zum Laufen bringt.

Als Alternative zu Gedächtnishilfen wie Terminkalender, Notizbuch und Merkzettel kann man das Gedächtnis nämlich auch durch innere Hilfen trainieren.

Um z. B. Namen oder Telefonnummern besser zu behalten, gibt es viele verschiedene Tricks und Kniffe. Alle haben eines gemeinsam: Sie füllen eine abstrakte Zahl oder ein abstraktes Wort mit Inhalt

und Bedeutung. Und da das Gedächtnis Inhalts-
reiches besser abspeichert als Abstraktes, kann
man sich leichter erinnern.

Beim Gedächtnistraining gibt es jedoch keine allge-
meine Methode, mit der man Namen, Telefonnummern oder wichtige zukünftige Ereignisse garantiert
behält, sondern es verhält sich wie im Sport. Wer
viel trainiert, hat eine bessere Grundkondition, nicht
aber spezielle Gedächtnisfähigkeiten.

Gedächtnistraining erfordert Übung und Konzentra-
tion und auch etwas Zeit, um etwa zum Merken von
Telefonnummern Eselsbrücken zu konstruieren.

Einführung

Eselsbrücken selber bauen

Seit der Antike werden Gedächtnishilfen benutzt, die auf bildlichen Vorstellungen beruhen. Schon 500 v. Chr. soll eine Eselsbrücke von dem Griechen Simonides entwickelt worden sein. Der griechische Dichter verfügte offensichtlich über das, was man heute ein fotografisches Gedächtnis nennt. Selbst erstaunt über seine Erinnerungsgabe, entwickelte er die „Methode der Orte", einen Gedächtnistrick, der in der Antike als wichtiges Hilfsmittel galt, bevor es verbreitet Schreibutensilien und Bücher gab. Er malte sich einen Raum mit markanten Ecken und Vorsprüngen aus. Gegenstände, die es zu behalten galt, stellte er im Geiste an bestimmte Stellen im Raum. Wollte er sich der Gegenstände wieder erinnern, ging er im Geiste durch den Raum und erinnerte sich auf dem Weg an jedem markanten Punkt an den entsprechenden Gegenstand.

Römische Senatoren prägten sich ihre Reden dadurch ein, dass sie deren Inhalt bildlich mit den Säulen in den Wandelhallen verknüpften, in denen sie später die Reden halten sollten. Sicher ist, dass auch heute noch die „Methode der Orte" von bewunderten Akrobaten des freien Sprechens angewandt wird.

Einführung

Erinnerungen sind überall und immer durch Netzwerke vieler Nervenzellen festgehalten. Es muss uns nur gelingen, sie von der Leine zu lassen.

Wenden wir uns den Möglichkeiten zu, ein kleiner oder vielleicht auch großer Gedächtniskünstler zu werden: dem fantasievollen Vergnügen des Eigenbaus von Eselsbrücken.

Besonders wirkungsvoll sind natürlich die Eselsbrücken, die man sich selbst ausdenkt, da man dabei auf seine eigenen Vorlieben eingehen kann und so einen sehr persönlichen Bezug zu seinem Merkspruch bzw. zur konstruierten Merkhilfe herzustellen vermag.

Eselsbrücken eignen sich für jedes Alter, also nicht nur für Schulkinder. Über sie lassen sich oft bequem Inhalte und Probleme des Alltags transportieren.

Wahrscheinlich haben Sie sich selbst schon eine kleine Sammlung von eigenen, ganz persönlichen Eselsbrücken angelegt, ohne darüber nachzudenken.

Einführung

Als ein Stofftaschentuch noch zur kultivierten Ausstattung eines jeden gehörte, half der „berühmte Knoten" im selbigen, sich an das zu erinnern, was man dringend erinnern oder einfach auch nicht vergessen wollte. Im Zeitalter der Papiertaschentücher müssen wir uns schon etwas anderes einfallen lassen, um nicht zu vergessen bzw. zu erinnern, was uns wichtig ist.

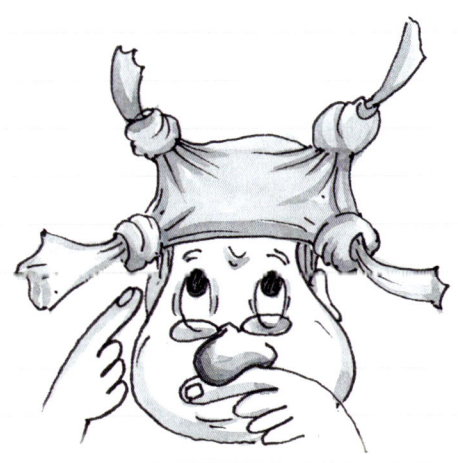

Eselsbrücken à la „Knoten im Taschentuch" sind eigentlich auch bewusst ausgelegte Stolpersteine, die wir uns selbst in den Weg legen:

Da ist zum Beispiel die Freundin, die an beiden Händen jeweils einen bestimmten Ring trägt, und zwar den mit dem Stein immer links und den Goldreif immer rechts. Wenn Sie unbedingt etwas erinnern möchte, wechselt sie die Ringe von der gewohnten auf die andere Hand und fragt sich spätestens am Abend, wenn sie den Schmuck ablegt, was es auf jeden Fall noch zu erinnern oder zu erledigen gibt.

Um sich Zahlen – wie etwa Telefonnummern – zu merken, bietet sich eine Übersetzung der Ziffern 0 bis 9 in Begriffe an, unter denen man sich mehr vorstellen kann. Um die „Zahl-Wort-Verknüpfungen" einfacher zu behalten, kann man Begriffe wählen, die sich mit der jeweiligen Ziffer reimen oder eine merkbare Klangähnlichkeit aufweisen.

Zum Beispiel:

0 = Schnuller   5 = Strümpfe

1 = Heinz   6 = Klecks

2 = Geweih   7 = Rüben

3 = Brei   8 = Tracht

4 = Bier   9 = Scheune

Indem man aus den Worten eine Geschichte bastelt, lassen sich so mehrstellige Zahlen behalten und erinnern. Beispielsweise die Telefonnummer 10 94 58 könnte man mit folgender Geschichte memorieren: Der Vater schimpft: Heinz (1), du sollst den Schnuller (0) nicht mit in die Scheune (9) nehmen. Dann fällt dem Vater das Bier (4) herunter und spritzt auf seine Strümpfe (5) und seine Tracht (8).

Wenn Sie diese Telefonnummer mit dieser Geschichte nicht behalten können, dann liegt das wahrscheinlich daran, dass Sie weder mit den Begriffen noch mit der Geschichte wirklich etwas zu tun haben.

Es funktioniert am besten, wenn man sich seine eigenen Begriffe und auch seine eigenen Geschichten zu den verschiedenen Nummern ausdenkt. Vielleicht ist es aber anregender für die Fantasie und auch für das Gedächtnis, sich Zahlen als Bilder vorzustellen und

diese Zahlen dann zu einer Geschichte zu verknüpfen.
Zum Beispiel stellen wir uns eine „Eins" als Einhorn
vor und die „Zwei" als Schwan.

Das kann dann so aussehen:

0 = Ei
1 = Einhorn
2 = Schwan
3 = Dreirad
4 = Stuhl
5 = Hand
6 = Würfel
7 = Siebenschläfer
8 = Sanduhr
9 = Kegelaufstellung

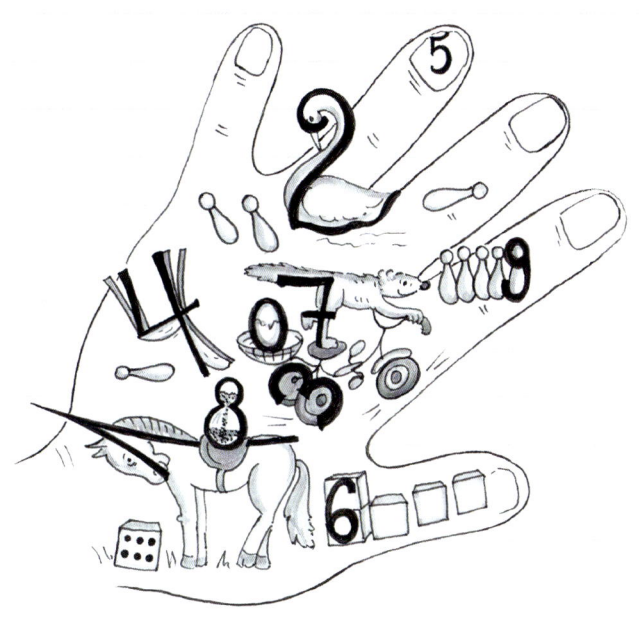

Anstatt sich nun eine Geschichte mit diesen oder anderen Wörtern auszudenken, können Sie auch wieder die „Methode der Orte" anwenden. Sie verknüpfen die entsprechenden Wörter der übersetzten Telefonnummer in der richtigen Reihenfolge mit markanten Orten in Ihrer Straße oder Ihrer Wohnung.

Einführung

Solche Eselsbrücken sind natürlich auch ganz allgemein hervorragende Konzentrationsübungen für das Gedächtnis.

Manche Menschen lieben kleine Rechenaufgaben und Zahlenspielereien und nehmen solche zu Hilfe, um sich Telefonnummern und PINs zu merken. Ein Beispiel für die Telefonnummer 87 85 22: Da viele Menschen Zahlen mit einer 0 oder 5 am Ende irgendwie sympathisch finden und sich diese leichter merken können, nimmt der Zahlenfreak sich hier die „85" und braucht dann nur noch die schöne kleine „2", um den Rest zu rekonstruieren, denn 85 plus 2 ist 87, dann die 85 und am Ende eben zweimal die 2.

Andere jonglieren im Gedächtnis mit den Daten von Geburtstagen ähnlich virtuos.

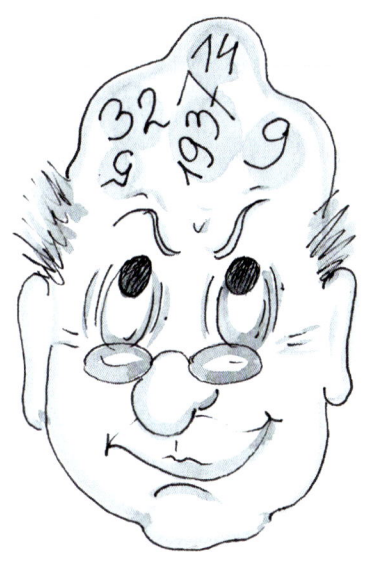

Sich Namen und die zugehörigen Personen zu merken, ist für viele Menschen besonders schwierig. Da
gibt es einmal das Phänomen, dass man den netten
jungen Mann, der einem freundlich grüßend auf der
Straße am Sonntagnachmittag entgegenkommt,
zwar kennt, aber nicht die geringste Ahnung hat, wer
das sein könnte.

Einführung

Wenn sich herausstellt, dass es der nette Schalter-beamte aus dem Postamt ist, das man häufig aufsucht, dann haben wir es nicht mit einem Gedächtnisproblem, sondern mit der Tatsache zu tun, dass wir den Mann bisher nicht wirklich in seiner ganzen Person wahrgenommen haben, son-dern nur in seiner Funktion im Postamt. Auf der Straße und ohne Postamt können wir ihn deshalb nicht erkennen.

Wenn man das häufiger erlebt, dann sollte man seine Einstellung zu den Menschen, mit denen man täglich zu tun hat, einmal gründlich überprüfen und sich vielleicht einfach mehr für sie interessieren.

Im Interesse am Gegenüber liegt auch schon eines der Geheimnisse, Namen zu speichern und zu erin-nern, wenn es darauf ankommt.

Wenn einem jemand vorgestellt wird, sollte man versuchen, sich ganz auf das neue Gegenüber zu kon-
zentrieren, und auch ruhig noch einmal nachfragen,
wenn man den Namen nicht richtig verstanden hat.

Dann muss das Gedächtnis anfangen zu „fotografieren", sich Besonderheiten merken und gleich versuchen, diese mit dem Namen in Verbindung zu bringen und abzuspeichern. Am besten ist es, sofort mit dem Üben zu beginnen, indem man den Namen des Gegenübers während der Unterhaltung immer wieder einfließen lässt: „Ach so, Herr Birnbaum, das klingt ja interessant ..." und „Auf Wiedersehen, Herr Birnbaum."

Unser sensitives Gedächtnis sollte bei dem Namen Birnbaum auch gleich angeregt sein und sich den Geschmack von köstlichen Birnen vergegenwärtigen. Auch wenn Herr Birnbaum sonst nichts Birnenförmiges an sich hat, müsste es mit dem Teufel zugehen, wenn wir ihn beim nächsten Mal nicht sofort mit seinem schönen einprägsamen Namen anreden können.

Der eigenen Fantasie sind keine Grenzen gesetzt und das Erfinden eigener Eselsbrücken kann auch viel Spaß machen. Und manchmal kann man mit dem „ungewöhnlichen Gedächtnis", gebaut auf Eselsbrücken oder Stolpersteinen, sogar richtig Eindruck machen.

Geschichte

Geschichte

Geschichte

Ödes Zahlenpauken im Geschichts-
unterricht gehört glücklicherweise
der Vergangenheit an. Aber so ganz
kommt auch der heutige Schüler und
Erwachsene nicht um die zeitlich
richtige Einordnung von wichtigen
überlieferten Ereignissen herum,
wenn er den Durchblick auf histo-
rische Zusammenhänge behalten
oder herstellen möchte.

Dabei sind die altbekannten Reim-
sprüche heute noch genauso hilfreich,
wie sie es ehedem für Generationen
von Schülern und Lehrern waren.

- **7 5 3 (sieben fünf drei) –
Rom schlüpft aus dem Ei.**
  oder lateinisch
  **Septem quinque tres,
  nata Roma es.**

Die sagenhafte Gründung Roms durch Romulus soll am 21. April des Jahres 753 v. Chr. stattgefunden haben. Dieses Datum ist auch der Beginn der Zeitskala des römischen Kalenders AUC für „ab urbe condita" – „von der Gründung der Stadt an". Die lateinische Zeitrechnung war aber immer noch nicht unsere heutige, denn danach fiele Christi Geburt ja auf das Jahr 753 AUC, welches dem Jahr 1 n. Chr. entspricht. Unsere moderne Kalenderrechnung gibt es erst seit dem 6. Jahrhundert n. Chr., eingeführt von dem in Rom lebenden skytischen Mönch Dionysius Exiguus, der auch „Denys der Kleine" oder „der Geringe" genannt wurde.

Geschichte

• 6 1 2 (sechs eins zwei) – und mit Ninive war es vorbei.

Am 10. August des Jahres 612 v. Chr. wurde die Hauptstadt Assyriens, Ninive, durch die Babylonier und Meder erobert und vernichtet. Der assyrische König Sinharishkun kam dabei ums Leben. Unwiederbringlich verloren mit dem Untergang der Stadt war auch eine gerade erst errichtete Bibliothek aus Tontafeln. Es war der Beginn des neubabylonischen Reiches bis zur Eroberung Babylons durch den Perserkönig Kyros II. 539 v. Chr.

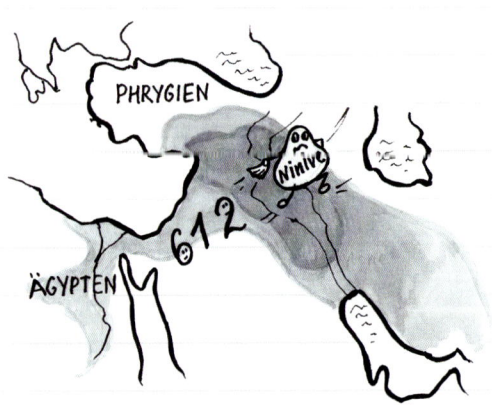

• 3 3 3 (drei drei drei) – vor Issos große Keilerei.

Das Perserreich war zu Zeiten Alexanders des Großen die größte Territorialmacht der Erde. Als sich Alexander 333 v. Chr. anschickte, das Perserreich zu erobern, wurde dies von Dareios III. aus dem Haus der Achämeniden beherrscht. Von Gordion, wo Alexander der Legende nach den Gordischen Knoten mit seinem Schwert zerschlug, über Tarsos zog er mit seinen Truppen in die entscheidende Schlacht nach Issos. Der Perserkönig floh vom Schlachtfeld und wurde bis nach Damaskus verfolgt. Alexanders Männer nahmen die überraschte Stadt ein und erbeuteten ihren Reichtum.

Geschichte

- **202 bei Zama Keilerei.**

  Zama war eine antike Stadt in Nordafrika, die wahrscheinlich in der Nähe von Maktar im Norden Tunesiens lag. Hier verlor der karthagische Feldherr Hannibal im Zweiten Punischen Krieg zum ersten Mal eine Schlacht gegen die Römer, als er 202 v. Chr. vom römischen General Scipio Africanus dem Älteren besiegt wurde.

1862

- **Vor Christus die Hundert –
  klein Cäsar wird bewundert.**

  Am 12. oder 13. Juli 100 v. Chr. wurde dem ange-
  sehenen Geschlecht der Julier in Rom ein Knabe
  geboren, der später als Gaius Julius Caesar in
  der Welt als römischer Kaiser, Staatsmann und
  Feldherr berühmt und berüchtigt war.

Geschichte

- **Iden Märzen 4 4 (vierzig vier)
packten Brutus Neid und Gier.**

  Nach seiner Ernennung zum Diktator auf Lebenszeit
  fiel Julius Caesar am 15. März 44 v. Chr. einem
  Attentat zum Opfer. Das Mordkomplott wurde Brutus
  und Cassius sowie einigen anderen zugeschrieben.
  Wenn von den „Iden des März" hier die Rede ist,
  bedeutet dies nur, dass das Attentat in der Mitte
  des Monats März geschah.

- **Armin schlug den Varus richtig –
9 (neun) nach Christus, das ist wichtig.**

  Im Jahre 9 des ersten Jahrhunderts unserer Zeit-
  rechnung schlug Arminus (auch bekannt als der
  Cheruskerfürst Hermann) bei der legendären
  Schlacht im Teutoburger Wald Varus, den römischen
  Statthalter der Germanen, der sich daraufhin das
  Leben nahm. Der römische Eroberungsversuch war

damit gründlich gescheitert und Germanien blieb danach bis zur Völkerwanderung von der römischen Kultur wenig beeinflusst.

- **3 7 5 (drei sieben fünf) –
die Völker machen sich auf die Strümpf.**
375 mit dem Einfall der Hunnen, als sie die Ostgoten überrannten, begann eine große Völkerwanderung, die ungefähr 100 Jahre andauerte. Als Grund wurde eine Klimaänderung vermutet, wodurch die Nahrung für die Herden der Nomaden knapp wurde.

- **4 7 6 (vier sieben sechs) –
und mit Rom war es ex.**
476 endete faktisch das weströmische Reich, als am 23. August der letzte weströmische Kaiser Romulus Augustus durch den germanischen Heerführer

Geschichte

Odoaker abgesetzt und in Neapel eingekerkert wurde. Odoaker wurde König der Germanen und sein Herrschaftssitz war fortan Ravenna. Die Westgoten besiegten in Gallien die Franken und wurden vorläufig zum mächtigsten Germanenstamm.

• 8 0 0 (acht null null) – Karl der Große stieg auf den Stuhl.

Am Weihnachtstag des Jahres 800 wurde der Frankenkönig Karl von Papst Leo III. in Rom zum Kaiser gekrönt. Dieser Titel wurde seit der Absetzung von Romulus Augustus im Jahr 476 nicht mehr geführt.

• 12 9 1 (zwölf neun eins) – und gegründet war die Schweiz.

Der Bundesbrief vom August 1291 gilt als Gründungsurkunde der Schweizerischen Eidgenossenschaft.

Der Bund wurde von den Kantonen Uri, Schwyz und Unterwalden gegründet. Damit begründen sie auch ihre Bezeichnung als Ur-Kantone der späteren Schweiz.

- **Acht vor 1500 (fünfzehnhundert) –**
  Kolumbus wird bewundert.
  oder auch
  1 4 9 2 (eins vier neun zwei) –
  Kolumbus in Amerika dabei.

Wie heute bekannt ist, erreichten die Wikinger den amerikanischen Kontinent bereits 500 Jahre vor ihm, aber der italienische Seefahrer in spanischen Diensten, Christoph Kolumbus, gilt weiterhin als Entdecker Amerikas. Im Bestreben, auf dem Seeweg von Europa nach Ostasien zu gelangen, erreichte er am 12. Oktober 1492 die dem amerikanischen Kontinent vorgelagerten Karibischen Inseln.

Geschichte

- **Arme Armada 15 88**
  (fünfzehn achtundachtzig) –
  Englands Macht zur See, die macht sich.

  Die spanische Armada, bestehend aus 130 Kriegs-
  schiffen, segelte 1588 unter dem Herzog von Medina
  Sidonia zum Sturz Elisabeths I. gegen England.
  Am 8. August 1588 besiegte Sir Francis Drake in
  einer großen Schlacht im Ärmelkanal die spanische
  Armada, die zum Teil allerdings auch von einem
  Sturm vernichtet wurde.

1862

- **Remember, remember –
the 5th of November.**

  1605 am 5. November planten katholische Verschwörer einen Sprengstoffanschlag auf das englische Parlament. Der Anschlag wurde aber durch Verrat vereitelt.

- **16 1 8 (sechzehnhundert eins und acht) –
der Dreißigjährige Krieg erwacht.**

  Als 1618 der Dreißigjährige Krieg begann, war der Prager Fenstersturz zwar ein Auslöser, aber nicht die Ursache des Krieges. Die Gründe waren vielfältig: Religionskämpfe zwischen der Katholischen Liga und der Protestantischen Union, aber auch Konflikte um die Vorherrschaft der habsburgischen Mächte Österreich und Spanien mit Frankreich, den Niederlanden, Dänemark und Schweden. Er endete erst 30 Jahre später mit dem Westfälischen Frieden am 24. Oktober 1648.

Geschichte

- **1 7 8 9 (eins sieben acht und neun) –
Frankreich kann sich freu'n.**

  1789 am 14. Juli begann die Französische Revolution
  mit dem Sturm der Pariser Bevölkerung auf die
  Bastille und endete am 9. November 1799 mit dem
  Beginn der Herrschaft Napoleons.

  In dieser Zeit vollzog sich der Übergang Frankreichs
  von der absoluten Monarchie zur Republik. Die in der
  Französischen Revolution erkämpften Grundrechte
  der Bürger sind bis heute fundamentaler Bestandteil
  westlicher Demokratien.

1862

- **Bismarck hat ganz unverdrossen
18 71 (achtzehn einundsiebzig) das
Deutsche Reich beschlossen.**

  1871 am 18. Januar proklamierte Reichskanzler
  Otto von Bismarck im Spiegelsaal von Schloss
  Versailles die Gründung des Deutschen Reiches
  unter Kaiser Wilhelm I.

- **1 8 8 8 (eins und dann dreimal die Acht) –
drei Kaiser waren an der Macht.**

  1888 war das so genannte Dreikaiserjahr in Deutsch-
  land, denn nach dem Tod von Wilhelm I. folgte ihm
  sein Sohn Friedrich Wilhelm als Friedrich III. auf den
  Thron, der auch der 100-Tage-Kaiser genannt wird,
  weil er bereits drei Monate nach der Thronbesteigung
  starb. Ihm folgte noch im selben Jahr der letzte
  deutsche Kaiser, Wilhelm II.

Geschichte

- **Die so genannte „Fünfer"-Reihe** hilft
  dem Gedächtnis bei der Einordnung von Daten
  der Vor- und Frühgeschichte:

vor 15 Mrd. Jahren:	Entstehung des Universums („Big Bang")
vor 5 Mrd. Jahren:	Entstehung der Sonne, der Planeten und auch der Erde
vor 5 Mill. Jahren:	Vormenschen
vor 150 000 Jahren:	Homo sapiens in Afrika („Out of Africa"-Theorie)
vor 50 000 Jahren:	Homo sapiens in Europa (Jetztmenschen)
vor 5000 Jahren:	Frühe Hochkulturen in Mesopotamien, am Nil und am Indus
500 v. Chr.:	Beginn der klass. Antike in Griechenland
500 n. Chr.:	Ende der Antike/Beginn des Mittelalters in Europa
1500 n. Chr.:	Beginn der Neuzeit

Wenn man diese Merkhilfe verwendet, dann muss man „Fünfe schon mal gerade sein lassen", wie man an der Zahl 1500 für den Beginn der Neuzeit ganz gut sehen kann. Aber immerhin entdeckte 1492 Kolumbus Amerika.

● Elba, Rückkehr, Waterloo – dann Helena bis Ultimo.

Bevor Napoleon am 5. Mai 1821 auf der Insel St. Helena starb, gab es ein bewegtes und turbulentes Vorher: Schlacht gegen Russland verloren, nach Elba verbannt; Rückkehr und Schlacht bei Waterloo, wieder Niederlage und dann ab nach St. Helena bis zu seinem Tod dort im Jahre 1821.

Geschichte

- Die Merkhilfe **S K A T** steht für die vier wichtigen Staaten im klassischen Griechenland.

  S parta
  K orinth
  A then
  T heben

- Mithilfe von **S P A** merkt man sich die drei größten Philosophen des alten Griechenlands in der dazu noch richtigen Reihenfolge von Lehrer zu Schüler, denn Platon war ein Schüler von Sokrates und später der Lehrer von Aristoteles.

  S okrates
  P laton
  A ristoteles

- **1749 Geburt Goethes**
  1759 Geburt Schillers
  1769 Geburt Napoleons

Drei Fliegen mit einer Klappe geschlagen: ein Geburtsjahr gemerkt und drei gewusst.

Deutsch

Deutsch

Deutsch

„Deutsche Sprache – schwere Sprache" gilt nicht nur für diejenigen, die Deutsch als Fremdsprache lernen möchten oder müssen. Das Deutsche hat nämlich auch für den Muttersprachler seine Tücken. Das gilt sowohl für die richtige Schreibweise von Wörtern als auch für die Grammatik, in deren Fußangeln sich der Schreiber oder Redner schon mal so richtig verstolpern kann. Kein Wunder also, dass es so viele Eselsbrücken für die richtige Handhabung von Orthografie und Grammatik gibt.

Rechtschreibung

- **Wer nämlich mit „h" schreibt, ist dämlich.**

  Ja, so ist es, denn „nämlich" wird von „Name"
  hergeleitet.

- **„Auf einmal" schreibt man zweimal.**

- **Nach l, n, r – das merke ja –**
  steht nie tz und nie ck.

  z. B.: ~~Geburtztag~~ Geburtstag,
  ~~Waltzer~~ Walzer, ~~Ancker~~ Anker

Deutsch

- **Trenne nie „st", denn es tut ihm weh!**

  Aus und vorbei, denn mit der neuen
  Rechtschreibung ist diese Trennung
  schmerzlos – also richtig und erlaubt.

- **Gehört „seit" zu einer Zeit,
  dann sorge nicht mit „seid" für Heiterkeit!**

  Also: **seit** gestern,
  aber: **Seid** umarmt, Freunde.

- **Sei nicht dumm und merk dir bloß:
  Namenwörter schreibt man groß!**

  Als Namenwörter bezeichnet man
  auch alle Hauptwörter und Substantive,
  welche in der deutschen Sprache aus-
  nahmslos großgeschrieben werden.

- **Den Tiger sprich mit langem „i",
jedoch mit „ie" schreib ihn nie!**

- **Doppel-a, das ist doch klar,
steht in Waage, Haar und Paar!**

- **Wenn „wider" nur „dagegen" meint,
dann ist das „e" dem „i" sein Feind!**

  also: W**i**derstand, W**i**derworte, W**i**derspruch

- **Wenn „wieder" nur „noch einmal" meint,
dann sind dort „i" und „e" vereint!**

  also: W**ie**derholung, immer w**ie**der, W**ie**derwahl

- **„Gar nicht" wird gar nicht
zusammengeschrieben.**

Deutsch

- **„Vor-" und „ver-" schreibt jeder Herr und jede Frau mit Vogel-Vau.**

  wie z. B. bei **Ver**brechen, **Ver**stand, **Vor**stand, **Vor**sehung, aber natürlich nur, wenn es sich um Vorsilben handelt und nicht um andere Wortteile wie z. B. **fer**-ner oder **for**-men, **for**-dern u. a.

- **Das „s" bei „das" muss einfach bleiben, kannst du dafür „dieses", „jenes", „welches" schreiben.**

  z. B. ein Huhn, **das** gackert, und ein Kind, **das** schreit. Dann ist nämlich „das" ein Relativpronomen und keine Konjunktion, was doch immer mal wieder verwechselt und dann **„dass"** (früher mit „ß") geschrieben wird.

- **Einmal doppelt gemoppelt,**
  immer doppelt gemoppelt.

  Wörter desselben Stammes oder derselben Familie

  werden immer gleich geschrieben:

  z. B. bre**nn**en, bre**nn**t, Bre**nn**er oder pe**nn**en, pe**nn**t,

  Pe**nn**er usw.

- **Nimm diese Regel mit ins Bett –**
  nach ei, au, eu steht nie „tz".

  z. B.: ~~Schnautze~~ Schnau**z**e,

  ~~Heitzung~~ Hei**z**ung,

  ~~schneutzen~~ schneu**z**en

- **Steht am Ende**
  „heit" und „keit" und „ung" und „schaft",
  „tum" und „nis" und „chen" und „lein",
  schreibt man's groß und niemals klein!

  An diesen Endungen erkennt man, dass es sich um
  Hauptwörter handelt, die bekanntlich immer groß-
  geschrieben werden, wie z. B. **Ei**n**heit, Ei**nig**keit,**
  Einig**ung, Ei**gen**schaft, Ei**gen**tum, Ei**rei**gnis** sowie
  Herz**chen** und **Ki**nd**lein.**

- **Steht am Ende**
  „ig", „sam", „los", „lich", „isch",
  „voll", „bar",
  wird es kleingeschrieben, ist doch klar!

  An diesen Endungen erkennt man, dass es sich
  um Adjektive handelt, welche ja immer kleingeschrieben werden, wie z. B. **f**reud**ig, e**rhol**sam, h**emmungs-
  los, herz**lich, h**eim**isch, w**ürde**voll, w**under**bar.**

- **Da, wo man redet, sagt und spricht,
  vergiss die kleinen Zeichen nicht!**

  Gemeint sind die Anführungszeichen, auch
  Gänsefüßchen genannt, die bei wörtlicher Rede
  zu setzen sind.

  Klaus sagt: „Guten Tag."

  „Das Bier ist zu warm!", beschwert sich der Gast.

Deutsch

- Wer „brauchen" ohne „zu"
  gebraucht, braucht „brauchen"
  gar nicht zu gebrauchen.

- An, auf, hinter, neben, in,
  über, unter, vor und zwischen
  stehen mit dem 4. Fall,
  wenn man fragen kann „wohin?",
  mit dem 3. stehn sie so,
  dass man nur kann fragen „wo?"

Deshalb:

Fritz steht **an der Straße,**
aber: Fritz geht **auf die Straße.**
Der Hund liegt **in dem Auto,**
aber: Der Hund springt **in das Auto.**
Opa sitzt **hinter dem Haus,**
aber: Opa läuft **hinter das Haus.**
Susi wartet **neben dem Kino,**
aber: Susi geht **in das Kino.**
Peter ist **in der Schule,**
aber: Peter geht **in die Schule.**
Die Brücke ist **über dem Fluss,**
aber: Die Brücke führt **über den Fluss.**
Der Apfel liegt **unter dem Baum,**
aber: Der Apfel fällt **unter den Baum.**
Das Auto steht **vor dem Haus,**
aber: Das Auto fährt **vor das Haus.**

- **Begierig, kundig, eingedenk,
  teilhaftig, mächtig, voll
  regieren stets den Genitiv,
  was sich jeder merken soll.**

  Vor oder nach diesen Eigenschaftswörtern sollte
  immer der Genitiv stehen wie in diesen Beispielen:

  Er ist **der** deutschen Sprache mächtig,
  deshalb ist der Lehrer voll **des** Lobes.
  Eingedenk **dieser** Tatsache wird er
  dieses Lobes teilhaftig.

- **Unweit, mittels, kraft und während,
  laut, vermöge, ungeachtet,
  oberhalb und unterhalb,
  diesseits, jenseits, halber, wegen,
  statt, anstatt,
  auch „längs",„zufolge", „trotz",
  stehen mit dem Genitiv
  oder auf die Frage „wessen?";
  doch ist hier nicht zu vergessen,
  dass bei diesen letzten drei
  auch der Dativ möglich sei.**

Zugegeben, es ist nicht immer leicht, den richtigen
Fall zu schreiben und zu sprechen, denn wie wir alle
wissen, ist „der Dativ dem Genitiv sein Feind". Da
muss schon ein längeres Gedicht wie das obige her,
um Klarheit zu schaffen.

Deutsch

- **Mit, nach, von, seit, aus, zu, bei
  fordern stets Fall Nummer drei.**

  Nach diesen Präpositionen steht immer der Dativ.

  Oder etwas drastischer:

  **Aus, bei, mit, nach, seit, von, zu –
  kannst du nicht den Dativ, dumme Kuh!**

  Bildhaft auch zu merken mit:

  **Von AUSBEIMIT nach VONSEITZU
  fährst immer mit dem DATIV du.**

  z. B. aus dem Haus

  bei der Tante

  mit dem Onkel

  von dem Opa

  seit der Zeit

  zu dem Fest

- **ADUSO –**
  der Satz bleibt so!

weil mit den Konjunktionen **a**ber, **d**enn, **u**nd, **s**on-
dern, **o**der sich die Wortstellung (Subjekt – Prädikat)
nicht verändert, z. B.:

Er verreist zwar, aber er fliegt nicht.
Der Bäcker öffnet seinen Laden,
denn es ist acht Uhr.
Der Vogel fliegt und die Katze schleicht.
Nicht er kommt, sondern sie erscheint.
Wird er kommen oder wird er fernbleiben?

Deutsch

- Die drei Merkhilfen **TWEN – ZEHE – VASE**
  helfen dabei, sich die Bezeichnung der Satzteile
  zu merken.

Der ABC-Schütze merkt sich	**TWEN**
	Tuwort
	Wiewort
	Eigenname
	Namenwort
später dann hilft die	**ZEHE**
	Zeitwort
	Eigenschaftswort
	Hauptwort
	Eigenname

und damit kommt man bis zum Abitur **VASE**

Verb

Adjektiv

Substantiv

Eigenname

Tim geht gerne ins Schwimmbad.

Marie liest spannende Bücher.

Ilka rennt hastig zum Bus.

Pia beobachtet gespannt das Geschehen.

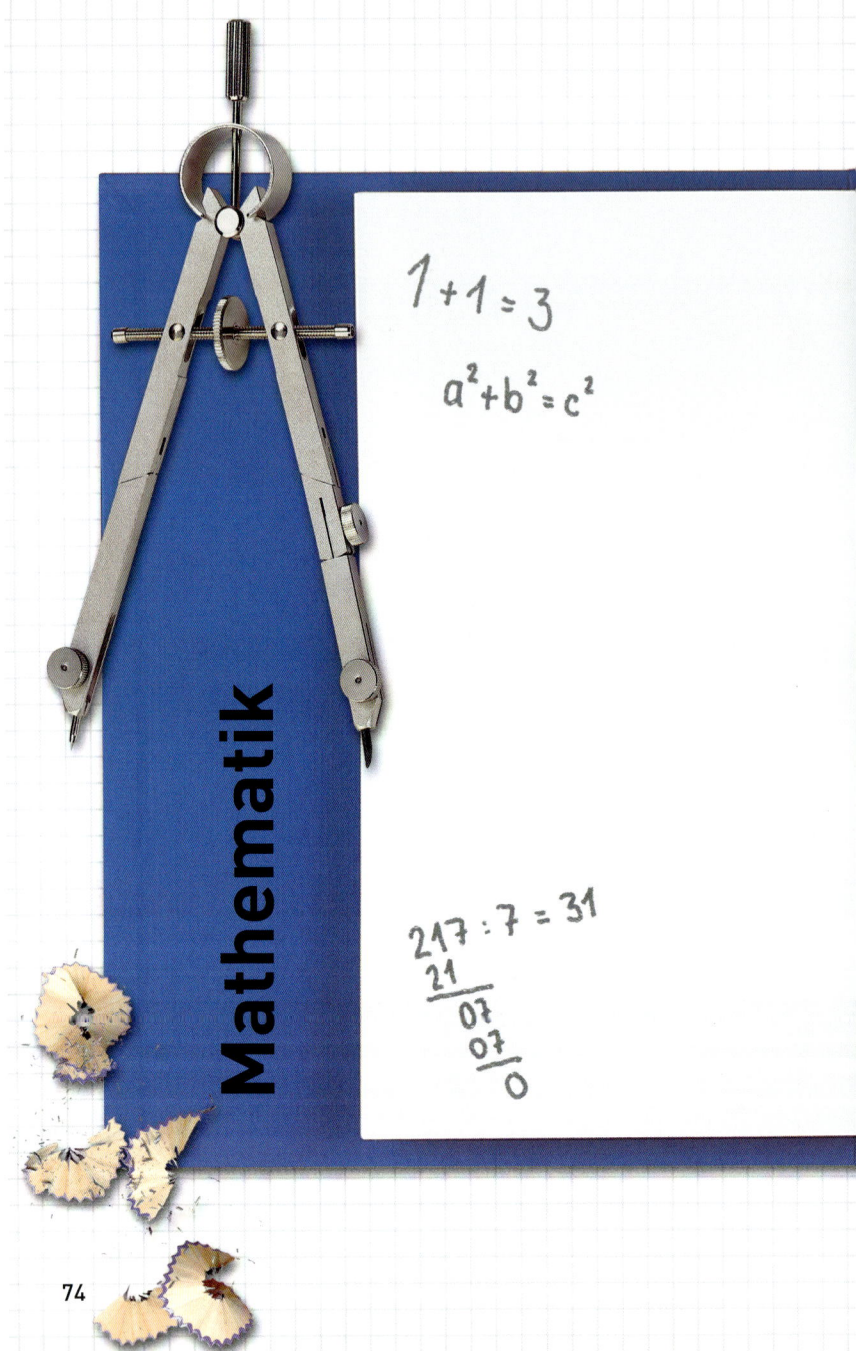

$1 + 1 = 3$

$a^2 + b^2 = c^2$

$217 : 7 = 31$

Mathematik

Mathematik

Eigentlich ist ja alles ganz einfach, da es ja schließlich nur um so leichte Dinge wie Zählen, Messen und Rechnen geht, wären da nicht die vier Schreckgespenster der elementaren Mathematik: Arithmetik, Geometrie, Algebra und Analysis. Aber eine alte Volksweisheit sagt uns auch:

„Wo die Not am größten, ist die Hilf' am nächsten", also findet auch der Mathe-Esel immer mal wieder ein Eselsbrückchen, das ihm weiterhilft.

- **Der Nullen sechs hat die Million,
  mit neun glänzt die Milliarde schon,
  es folgt mit zwölf ihr die Billion,
  zuletzt mit achtzehn die Trillion.**

Große Zahlen und ihre vielen Nullen können schon mal Verwirrung stiften. Hier hilft dieser Spruch, der allerdings nicht ganz vollständig ist, weil zwischendrin mit ihren 15 Nullen noch die Billiarde fehlt.

1 Million	1.000.000
1 Milliarde	1.000.000.000
1 Billion	1.000.000.000.000
1 Billiarde	1.000.000.000.000.000
1 Trillion	1.000.000.000.000.000.000

Aber wissen sollte man auch, dass eine amerikanische Billion keine zwölf, sondern nur neun Nullen hat und daher eine europäische Milliarde ist.

Mathematik

- **Deka** **Hekto** **Kilo**   **stehen immer für**
  10   **100**   **1000**

Die gebräuchlichsten Unterteilungen von **Maßen**
und **Gewichten** kann man sich mit folgenden
Aufzählungen auch gleich besser merken, wenn
man weiß, dass ein Dekameter also 10 Meter und
ein Dekaliter 10 Liter, ein Hektoliter 100 Liter und
das Kilogramm 1000 Gramm bzw. der Kilometer
1000 Meter sind. Die nächste Größe ergibt sich
also immer aus der **Multiplikation** mit **Zehn.**

- **Milli   Zenti   Dezi**   **stehen immer für**
  1000   100   10

Andersherum geht es mit der Zehnerdivision:
Ein Millimeter ist also der tausendste Teil eines
Meters, der hundertste Teil ist ein Zentimeter und
der zehnte ist ein Dezimeter. In den geläufigen
Abkürzungen sieht das dann so aus:

1000 mm = 100 cm = 10 dm = 1 m.

Mathematik

- Die **Teilbarkeitsregeln für natürliche Zahlen** kann man sich so eigentlich ganz gut merken:

  Alle Zahlen ...,

  ... die eine gerade Endziffer haben, sind teilbar durch **2**.

  ... deren Quersummen durch 3 teilbar sind, sind teilbar durch **3**.

  ... deren letzte zwei Ziffern durch 4 teilbar sind, sind teilbar durch **4**.

  ... die am Ende 0 oder 5 haben, sind teilbar durch **5**.

  ... die gerade sind und deren Quersummen durch 3 teilbar sind, sind teilbar durch **6**.

  ... deren letzte drei Ziffern durch 8 teilbar sind, sind teilbar durch **8**.

  ... deren Quersummen durch 9 teilbar sind, sind teilbar durch **9**.

  Beispiel 216: 2 + 1 + 6 = 9, also ist 216 teilbar durch 3 und durch 9 – und da es sich außerdem noch um eine gerade Zahl handelt, auch durch 6.

- **A plus B wird eine Summe,**
  A minus B zur Differenz,
  A mal B Produkt man nennt,
  und A, geteilt durch B, ist ein Quotient.

Die **Ergebnisse** der vier **Grundrechenarten**

Addition, Subtraktion, Multiplikation und

Division kann man sich so ganz gut merken.

Mathematik

- Mathematische Regeln, in Merkformeln nach Art der Eselsbrücke übersetzt, leisten gute Hilfe beim Ausrechnen von **Gleichungen:**

Die **KLAPS-**Regel hat mit der ziemlich zweifelhaften Volksweisheit, dass „leichte Schläge auf den Hinterkopf das Denkvermögen erhöhen" sollen, wirklich nichts zu tun, sondern führt einfach nur zuverlässig durch einfache, aber auch komplexe Gleichungen, denn

K L A P S bedeutet nichts anderes als:

<u>Kla</u>mmer geht vor **P**unkt und <u>S</u>trich

oder

Punktrechnung vor Strichrechnung geht, die Klammer über allem steht.

Die Punktrechnungen – das sind Multiplikationen und Divisionen – sind in Gleichungen zuerst, d. h. vor den Strichrechnungen, den Additionen und Subtraktionen, auszuführen. Falls die Gleichung aber auch noch Klammern enthält, dann sind diese nach dem gleichen Prinzip zuerst auszurechnen.

Beispiel:

4 + 3 x 5 = 4 + 15 = 19

aber:

(4 + 3) x 5 = 7 x 5 = 35

Mathematik

- **KIP durch Hundert ist nicht schwer,
  die Bank zahlt leider nicht viel mehr.**

Die Formel für Zinsberechnungen ist mit dem
Kunstwort **KJP** oder **KIP** leicht zu merken.

K = Kapital, I = Zeit in Jahren, P = Zinssatz/Jahr

$$\frac{K \times I \times P}{100} = \text{Zinsen, also z. B. } \frac{10\,000 \times 8 \times 3,5}{100} = 2800$$

10 000 € zu 3,5 % in 8 Jahren bringen also
2800 € Zinsen (ohne Zinseszinsen).

• F O I L

<u>F</u>irst <u>O</u>uter <u>I</u>nner <u>L</u>ast

Wenn zwei Klammern miteinander multipliziert werden sollen, dann ist die richtige Reihenfolge der Rechenoperationen ganz besonders wichtig. Beim Ausrechnen solcher Formeln hilft die obige englisch klingende Wortschöpfung.

Das läuft dann z. B. so: $(6x + 4)(4x + 5)$

$(6x + 4)(4x + 5) =$ **24 x²**   **First**

$(6x + 4)(4x + 5) =$ **30x**   **Outer**

$(6x + 4)(4x + 5) =$ **16x**   **Inner**

$(6x + 4)(4x + 5) =$ **20**   **Last**

85

Mathematik

- Um immer wieder daran zu denken, was in der Mathematik geht und was nicht bzw. welcher Weg richtig und welcher absolut falsch ist, bieten die folgenden Merksprüche Hilfe:

- **Potenzen und Summen
  radizieren nur die Dummen.**

- **Differenzen und Summen
  kürzen nur die Dummen.**

- **Durch null teile nie,
  das bricht dir das Knie.**

- **Wer in einer Summe kürzt,
  wird ins tiefe Loch gestürzt.**

Mathematik

Geometrie

- Die Kreiszahl **(Pi) π**
  3,1415926536 (die letzte Zahl ist gerundet)

hat früher, als es noch keine Taschenrechner mit
Mathe-Funktionen gab, den Schülern heftige Kopf-
schmerzen bereitet. Da es keinerlei Regelmäßigkeit
in den Stellen nach dem Komma gibt, musste man
sich mit Merksätzen wie diesem behelfen, in denen
die Anzahl der Buchstaben pro Wort jeweils eine
Zahl darstellt. Es gibt zwar auch kompliziertere
deutsche und deshalb auch nicht gerade leicht zu
merkende Sprüche, um die Nachkommastellen
korrekt zu identifizieren, aber am einfachsten ist
wohl diese englische Eselsbrücke:

May I have a large container of
coffee right now, please?

May	3,
I	1
have	4
a	1
large	5
container	9
of	2
coffee	6
right	5
now	3
please	6

Mathematik

- **Innen hat die Kugelei
  vier Drittel π mal r hoch drei.**

Der Inhalt einer Kugel lässt
sich also nach der Formel
$V = \frac{4}{3} \times \pi \times r^3$
berechnen.

- **Und was sie auf dem Buckel hat,**
  ist viermal π mal r Quadrat.

  Die Oberfläche, also die äußere Rundung, der
  Buckel, wird demnach wie folgt berechnet:
  $O = 4 \times \pi \times r^2$

- **Zwei Punkte begrenzen Strecken,**
  Strahlen sind einmal fixiert.
  Wo unbegrenzt sich Linien recken,
  sind sie als Geraden notiert.

  In der Geometrie ist ein gerader Strich nicht einfach
  nur ein Strich, sondern entweder **Strecke, Strahl**
  oder **Gerade.**

With „who" ?
never to do .

Englisch

Englisch

Englisch

„False Friends" (falsche Freunde)
nennt man solche Wörter und
Formulierungen der englischen
Sprache, denen der Ausländer
immer mal wieder sprachlich auf
den Leim kriecht, weil sie direkt
übersetzt oder in Ähnlichkeit mit
einem deutschen Wort dann aber
doch leider etwas ganz anderes
bedeuten, als der Sprecher eigentlich mitteilen möchte.

Als treffendes Beispiel dazu der folgende Witz, über den schon viele Englischschüler gelacht haben dürften:

Ein deutscher Tourist in London hat eine Wurst beim Kellner bestellt und wartet dann ziemlich lange vergeblich auf das Essen. Als der Kellner wieder mal vorbeikommt, fragt er laut und vernehmlich: „When will I become a sausage?"
„Never I hope, Sir", antwortet der Kellner dem verdutzten Gast.

So ist das eben mit den „falschen Freunden", denn **„become"** bedeutet im Englischen **nicht** **„bekommen",** sondern **„werden".**

Englisch

- **The question „who?" –
  the answer „you".
  The question „where?" –
  the answer „there".**

  Gern verwechseln deutsche Muttersprachler auch
  die englischen Fragewörter „who" (wer) und „where"
  (wo), da Schreibweise und Klang ähnlich, sie also
  auch „falsche Freunde" sind.

- Eigentlich ist es ja viel einfacher im Englischen als in einigen anderen Sprachen, aber die richtige Verwendung der Zeiten ist doch nicht ganz unproblematisch, wie einige Eselsbrücken zum Thema „Tenses" zeigen.

„Yesterday", „ago" und „last" erfordern stets das „simple past".

Yesterday he went to school.

„Ever", „never", „yet", „so far" – „present perfect", ist doch klar.

He has never missed a lesson.

Englisch

- **He, she, it,**
  ein „s" muss mit.

  oder auch

  He, she, it,
  no „s" is shit.

  I see, you see; he/she/it see**s**

- **„Did" und Grundform ist die Norm.**
  Nach „did" steht nie die „past tense"-Form.

  Did he go to school?

  Did you go swimming yesterday?

• With „who"
never to do.

Who was it? Who made it? Who will come along?

Aber richtig ist natürlich auch:
Who did it? oder Who do you think you are?

denn hier wird nicht mit „to do" die Frage umschrie-
ben, sondern nach dem „to do", also dem Tun selbst
gefragt.

Englisch

- **S P O M P T** ist ein komisches Wort, das aber prima einzuprägen ist und das bei der im Englischen so wichtigen richtigen Wortstellung im Satz hilft, denn die normale Stellung der Wörter im englischen Satz sieht so aus:

S ubject	Subjekt
P redicate	Prädikat
O bject	Objekt
M anner	Art und Weise
P lace	Ort
T ime	Zeit

Ganz wichtig im englischen Satzbau ist, dass der Ort immer vor der Zeit steht, was man sich auch damit merken kann, dass im Alphabet erst das „**O**" steht und das „**Z**" später folgt.

Lisa will give a presentation at school today.

My mother wants me to clean up my room right now.

Mary's brother finally bought himself a new motorbike today.

The police officer followed the thief across town all day long.

Mr. Smith wants to take his cat to the veterinary tomorrow.

Englisch

- **„Sometimes", „always", „never", „just" stets nur vor das Zeitwort passt.**

Aber keine Regel ohne Ausnahme. Auch wenn diese Adverbien Zeitangaben sind, stehen sie doch SPOMPT zum Trotz vor dem Prädikat:

Sometimes he comes late. She always misses the train. It never happened.

Yes!

- Fast alle Deutschen, die Englisch lernen, haben Schwierigkeiten mit der richtigen Verwendung von **„if"** und **„when".**

Da verhilft die **„f"**-Eselsbrücke zum richtigen Gebrauch der Konjunktion, denn immer wenn man im Deutschen statt „wenn" auch **„falls"** sagen kann, dann nimmt man im Englischen „if".

Die Eselsbrücke ist hier also das **„f"** in **„falls"** und **„if".**

Geografie

Geografie

Geografie

Geografie hieß früher auch mal Erdkunde und war bei Schülern meist ein sehr beliebtes Fach, denn außer einem Globus gab es auch wunderbare große und bunte Landkarten dazu im Klassenzimmer. Die schönsten Requisiten also zum Träumen, was man sich heute kaum noch vorstellen kann im Zeitalter der Jets auf ihren Wegen in fremde Länder und Kontinente. Wenn wir die Weltkarte oder Landkarten sehen, dann erkennen die meisten von uns die Kontinente und verschiedenen Länder an deren Umrissen. Häufig geschieht das aufgrund unbewusster visueller Eselsbrücken, die unserer eigenen Fantasie entsprungen sind:

Denken wir einmal an die Halbinseln

- **Italien**

  Das ist doch ein **Stiefel, dessen Stiefelspitze Sizilien wegkickt.**

- **Skandinavien**

  Hoch im Norden über dem europäischen Kontinent **hat ein Löwe zum Sprung angesetzt,** so als wolle er

- **Dänemark,** den **kleinen Zipfelmützenmann mit tropfender Nase,** verschlingen.

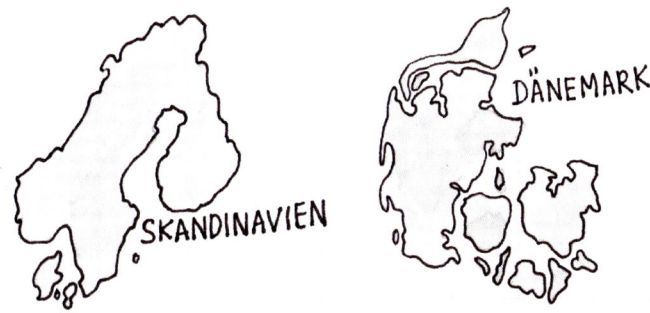

Geografie

Flüsse und ihre Zuflüsse

- **Wenn Werra sich und Fulda küssen
  und ihren Namen büßen müssen,
  entsteht durch diesen Kuss
  ganz nebenbei der Weserfluss.**

  Werra und Fulda sind die Weser-Zuflüsse. So ähnlich
  lautete schon der 1899 auf dem „Weserstein" in
  Hann. Münden eingemeißelte Spruch.

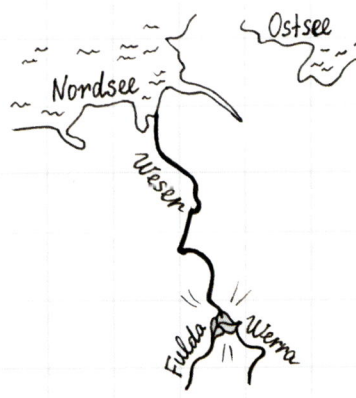

- **Brigach und Breg
  bringen die Donau zuweg.**

So erinnert man sich an die Donau-Quellflüsse.
Erst bei Donaueschingen vereinigen sich die beiden
Quellflüsse, die bis dahin Brigach bzw. Breg heißen,
zur großen Donau.

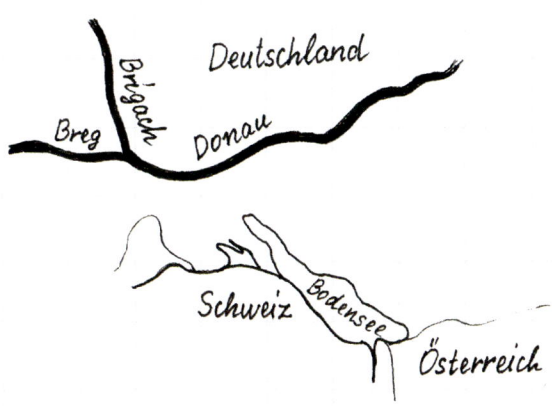

Geografie

- **Isar, Iller, Lech und Inn
fließen rechts zur Donau hin!**

  **Wörnitz, Altmühl, Naab und Regen
kommen ihr von links entgegen!**

  Dies sind die wichtigen Nebenflüsse der Donau,
sortiert nach Einmündungsseite und Reihenfolge.

- **Inn vom Süden, Ilz von Nord,
treffen sich am gleichen Ort.
Mit der Donau geht's bergab,
zum Schwarzen Meer hinab.**

  So fließen Inn und Ilz als Donau ins Schwarze Meer.

Die Nordseeinseln

- **Die Westfriesischen Inseln**

Auch diese von Ost nach West – und dazu eine kleine Erinnerung an Zeiten, als es noch Gulden in Holland gab:

**Schiermonnikoog und Ameland,
am dichtesten am deutschen Strand.
Terschelling, Vlieland, dann in Texel,
spätestens da die Gulden wechsel.**

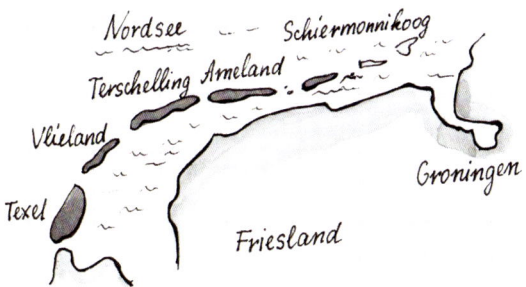

Geografie

- **Die Ostfriesischen Inseln**

  Von rechts nach links bzw. von Ost nach West
  ist die Reihenfolge:

  W angerooge
  S piekeroog
  L angeoog
  B altrum
  N orderney
  J uist
  B orkum

Damit man sich diese Reihenfolge auch merken
kann, gibt es einige kuriose Merksätze als Eselsbrücken, bei denen man sich an die Anfangsbuchstaben halten kann.

W elcher **S** eemann **l** iegt **b** ei
N anni **i** m **B** ett?

W elcher **S** portler **l** iegt **b** is
n eun **i** m **B** ett?

113

Geografie

Das Baltikum

● Die baltischen Staaten von Norden nach Süden

Estland
Lettland
Litauen

kann man sich gut merken, da sie in alphabetischer Reihenfolge stehen.

● Das hat früher auch bei den Hauptstädten funktioniert, als Tallin noch Reval hieß:

Reval   heute Tallin
Riga
Wilna

ESTLAND

LETTLAND

LITAUEN

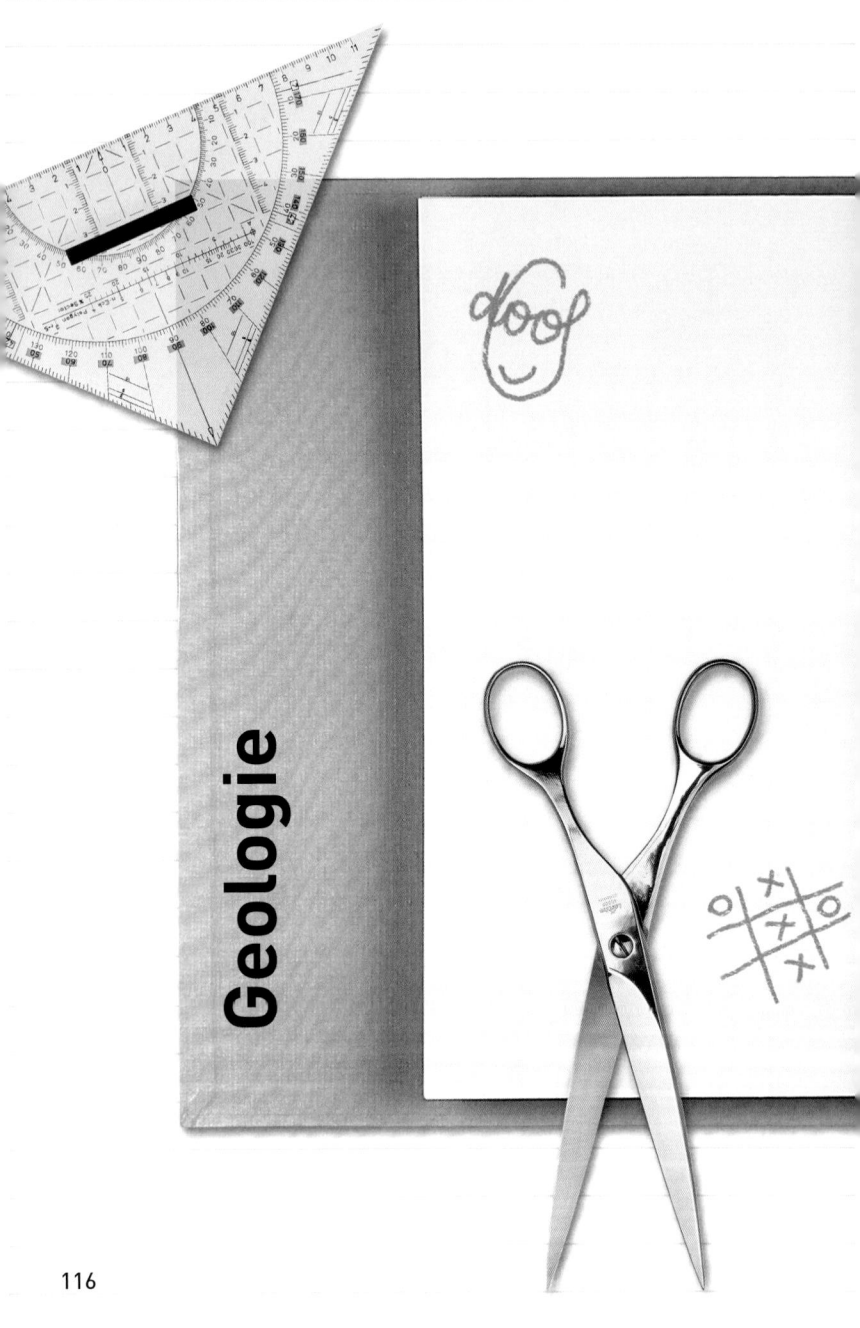

Geologie

Geologie

Geologie

Wer es sich leicht machen will mit der Welt, sagt einfach: Sie besitzt Längen- und Breitengrade und es gibt auf ihr Erde, Steine und Wasser in so verschiedenen Formen wie Eis und Schnee. Ganz so einfach sehen das die Geologen nicht, denn für sie handelt es sich um die Wissenschaft vom Aufbau, von der Zusammensetzung und Struktur der Erde sowie ihren physikalischen Eigenschaften. Die Lehre des griechischen Philosophen und Propheten Empedokles von den vier Elementen ist heute so aktuell wie Mitte des 5. Jahrhunderts v. Chr. und für diese Aufteilung bedarf es auch keiner Eselsbrücke: Wasser, Erde, Luft und Feuer, aber für die Zusammensetzung von Granit oder für die bizarren Gebilde in Tropfsteinhöhlen schon eher.

Granit

- **Feldspat, Quarz und Glimmer
  sind im Granit – das vergess' ich nimmer!**
  oder
- **Feldspat, Quarz und Glimmer
  hat der Granit immer.**

Das sind die drei wichtigsten Bestandteile
des Granits.

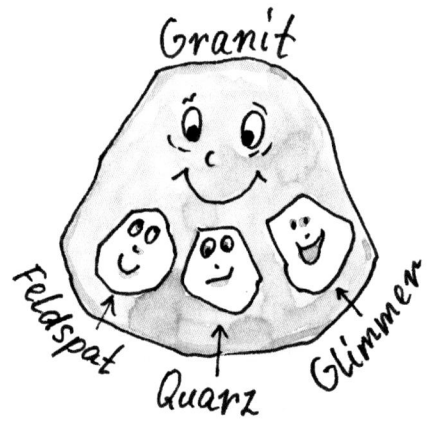

Tropfsteine

Herabtropfendes Wasser in Kalksteinhöhlen hat
über viele tausend Jahre hinweg die viel bewunderten und oft ganz bizarren Tropfsteine gebildet, die,
wenn sie vom Boden in die Höhe wachsen,

Stalagmiten,

und wenn sie von der Decke herabhängen,

Stalaktiten

genannt werden. Um beide Arten auseinanderzuhal-
ten, sind die folgenden zwei Eselsbrücken geläufig:

- Stala **g** miten stehen auf dem Unter **g** rund.
  Stala **k** titen hängen von der Dec **k** e.

- Stalag **m** iten bilden eine Anhäufung auf dem Boden, ähnlich dem **M**.

  Stalak **t** iten bilden quasi ein „tropfendes" **T** an der Decke.

Stalaktiten

Stalagmiten

Biologie

Biologie

Biologie

Bio ist griechisch und heißt schlicht und einfach Leben. Und so ist die Biologie die Naturwissenschaft, die sich mit allen Lebewesen und deren Organisation und Entwicklung befasst, also Menschen, Tieren und Pflanzen, wozu natürlich auch die Biochemie gehört.

Zu den Pioniertaten von Biologen gehörte das Erstellen von Ordnungssystemen für Tiere und Pflanzen. Um solche besser lernen und auch behalten zu können, gibt es einige schöne Eselsbrücken.

● E D E K A

Damit ist weder die „Einkaufsgenossenschaft deutscher Kolonialwarenhändler" noch der gleichnamige Laden um die Ecke gemeint, sondern die

fettlöslichen Vitamine A, D, E und K

(in alphabetischer Reihenfolge).

Biologie

Taxonomie

- **S K O F G A** heißt das Buchstabenwort, das man sich für den Biologie-Unterricht merken sollte, um problemlos die Hauptstufen der Kategorien bzw. Hierarchien der Klassifikation (Taxonomie) im Tierreich von oben nach unten aufzählen zu können, hier anhand des Beispiels des Rotfuchses.

taxonomische Unterteilungen:	Beispiel:
S tamm	Chordatiere
K lasse	Säugetiere
O rdnung	Raubtiere/ Fleischfresser
F amilie	Hundeartige
G attung	Echte Füchse
A rt	Rotfuchs

Noch einfacher ist es, die Klassifikation (allerdings ohne den Stamm) sich mit der folgenden Eselsbrücke zu merken:

- **Klasse Ordnung herrscht in der Familie, wenn der Gatte artig ist.**

Biologie

Vogelnamen

Um sich das Aussehen des Wiedehopfs merken zu können, kann man sich des folgenden Spruchs bedienen:

- **Hat einen langen spitzen Schnabel, trägt einen Kamm auf seinem Kopf – merk dir den Namen Wiedehopf.**

Um sich die Vielfalt der Arten, elf bei den Meisen und acht für die unterschiedlichen Spechte mit ihren zehn Namen sicher ins Gedächtnis zu rufen, gibt es die folgenden Merkreime:

- **Mit <u>Blaubart</u> und mit <u>Nonnenhaube</u>, <u>Beutel</u>, <u>Schwanz</u> wie'n <u>Specht</u> im Laube, in <u>Sumpf</u> und <u>Kohl</u>, auf <u>Tannen</u>, <u>Weiden</u> – das Meisenvolk ist gut zu leiden.**

So heißen nämlich die elf Meisenvögel:

Blaumeise und Bartmeise

Nonnenmeise und Haubenmeise

Beutelmeise

Schwanzmeise

Spechtmeise

Sumpfmeise

Kohlmeise

Tannenmeise

Weidenmeise

Biologie

- **In Bunt, Rot, Schwarz, Grün und Grau,**
  in Mittel-, Klein- und Zwergenbau,
  als Brut wie Elstern weiß am Rücken,
  Familie Dreizeh kann prima sich
  schmücken.

Das sind die zehn Spechtnamen, die man sich so merken kann:

Buntspecht oder Rotspecht

Schwarzspecht

Grünspecht

Grauspecht

Mittelspecht

Kleinspecht

Zwergspecht oder kleiner Buntspecht

Dreizehenspecht

Große Tiere

- **Ein Riese in dem Weltenmeer,
  bis 160 Tonnen schwer,
  der Wassertiere Admiral
  ist der Koloss, der blaue Wal.**

Nachdem Dinos und Mammuts ausgestorben sind,
lebt das größte und schwerste Tier unserer Zeit im
Wasser.
Es ist der **Blauwal.**

160 Tonnen

Biologie

- **Afrikanische Elefanten haben lange Ohren.
Indische Elefanten haben winzige Ohren.**

Die kleineren indischen Elefanten haben auch klei-
nere Ohren als die größeren afrikanischen Artge-
nossen. Und um das nicht zu vergessen, dienen
Buchstabengruppen zur Erinnerung.

- **Das Kamel mit zwei Höckern ist das Trampeltier,
das Kamel mit einem Höcker ist das Dromedar.**

Dromedare und Trampeltiere sind beide Kamele, aber welche haben nur einen und welche zwei Höcker? Wenn man sich die Häufigkeit des Buchstabens **„e"** in den Namen der Tiere ansieht, dann weiß man, dass es das Dromedar ist, das nur einen Höcker hat.

Und nicht zu vergessen:

- **Bissig ist das Krokodil,
nenn' es richtig: ein Reptil.**

Biologie

Kleine Tiere

- **Frische Kinder, Mutter Bache,
  Vater Keiler oder Schwein
  können nur die Borstentiere
  von Familie Schwarzwild sein.**

Da man das Schwarzwild nun auch immer häufiger
am Stadtrand antrifft, ist es gut zu wissen, wie Vater,
Mutter und die Kinder vom wilden Schwein richtig
heißen: Keiler, Bache und Frischlinge.

Auch andere Tierkinder und Tiermütter haben eigene Namen und die können auch die Kleinsten sich schon gut merken:

- **Die Frau des Rehbocks, Mama Ricke,**
  lässt nie das Kitz aus ihrem Blicke.

- **Welpen sind die Hundekinder,**
  Kälber neugeborene Rinder
  und die Kleinen von den Pferden
  nennt man Fohlen hier auf Erden.

Biologie

Biochemie

- **CHONS Margarethe
  kocht prima Café.**

Chons ist zwar der ägyptische Mondgott und Sohn
des Sonnengottes Amun und der Himmelsgöttin
Mut, aber für den Biochemiker auch der dem Vor-
namen vorangestellte Familienname einer Kaffee
kochenden Margarethe, die dabei hilft, dass
man die wichtigsten Nährstoffe
der Pflanzen in abstei-
gender Reihenfolge
nach ihrer Häufigkeit
aufzählen kann.

Und so sieht die Aufzählung aus:

C	für Kohlenstoff
H	für Wasserstoff
O	für Sauerstoff
N	für Stickstoff
S	für Schwefel
Mg	für Magnesium
K	für Kalium
P	für Phosphor
Ca	für Calcium
Fe	für Eisen

Biologie

- Hier noch ein Gedicht zum Thema mineralische Nährstoffe für Pflanze und Tier:

**Der Stickstoff hat den Sinn erhalten,
den Eiweißaufbau zu gestalten.
Er ist drum wichtig wie noch nie
zum Pflanzenaufbau und fürs Vieh.
Das Kali hat stets das Bestreben,
die Zellenbildung zu beleben.
Und außerdem ist es am Werke
beim Bau von Zucker und von Stärke.**

Männlein – Weiblein

Um Mann und Frau voneinander zu unterscheiden,
hat sich die Biologie für jeden ein Symbol ausge-
dacht. Merken kann man sich diese Symbole am
besten so:

- **männlich = Schild mit Speer**
  weiblich   = Spiegel mit Haltegriff.
  Das entspricht nämlich den Darstellungen der
  beiden griechischen Götter Mars und Venus.

Physik

$e = mc^2$

Physik

Physik

Physik verstehen, Formeln kennen – wer möchte das nicht können? Aber leider ist es wohl nicht jedem gegeben; und wenn die Schule schon lange zurückliegt, helfen oft nur die bekannten eingängigen Sprüche, also die bewährten Eselsbrücken, sich an das einstmals Gelernte zu erinnern.

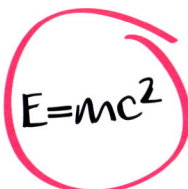

- **Je blauer, desto dichter.**

  Dass blaues Licht in Prismen stärker gebrochen
  wird als rotes Licht, kann man sich so merken.

- **Ist das Mädchen brav,**
  ist ihr Bauch konkav.
  Hat sie zu viel Sex,
  so ist der Bauch konvex.
  oder:
  Ist die Schale konkav,
  bleibt die Suppe brav.
  Ist die Schale konvex,
  macht die Suppe klecks.

  Immer wieder das gleiche Problem, wenn es um
  die Ausformung von Linsen, Spiegeln und anderen
  gewölbten Flächen geht:
  Was ist konkav? Was ist konvex?

Physik

- Die Formel für das Ohm'sche Gesetz **U = R x I,** mit der die Spannung aus Widerstand und Stromstärke ermittelt wird, merkt man sich leicht mit dem Schweizer Kanton

U R I.

U = Spannung, **R** = Widerstand, **I** = Stromstärke.

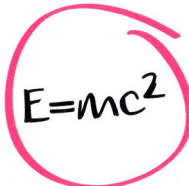

- Wenn man beim Strom, entsprechend dem
  Ohm'schen Gesetz, die Leistung **P = U x I**
  errechnen möchte, hilft das Kunstwort:

P U I (hat viel Ähnlichkeit mit Pfui).

Oder auch der Spruch:

**Volt mal Ampere ergibt in Watt,
was der Strom geleistet hat.**

Physik

- Den Otto-Motor mit seinen vier Takten in der richtigen Reihenfolge kann man so beschreiben und sich daran erinnern:

Otto denkt <u>ans</u> <u>Verdi</u>enen durch <u>Arbeit</u> und gutes <u>Aus</u>kommen.

Der Viertaktmotor arbeitet nämlich so:

1. **Ans**augtakt
2. **Verdi**chtungstakt
3. **Arbeit**stakt
4. **Aus**pufftakt

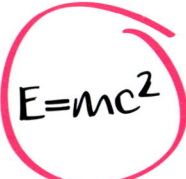

Chemie

Chemie

Chemie

Chemie ist für viele die spannendste der Naturwissenschaften, denn manches hier scheint mit Magie und Zauberei, Teufelswerk und Hexenkunst zu tun zu haben.

So aufregend manche Experimente im Chemiesaal auch sind, leider muss dann auch noch gelernt werden – und dabei helfen weder Teufel noch Hexen weiter, sondern eher gut bekannte Sprüche und andere Eselsbrücken.

„Chemie ist, wenn es stinkt und kracht", sagt der Volksmund.

Damit das aber nicht passiert, sollte man sich an gewisse Regeln halten wie zum Beispiel diese ganz berühmte:

- **Zuerst das Wasser, dann die Säure, sonst geschieht das Ungeheure.**

Wenn Wasser auf konzentrierte Säure trifft, entwickelt sich lokal große Hitze. Andersherum verteilt sich die Wärme besser. Wenn man also Säure verdünnen möchte, dann darf man auf gar keinen Fall Wasser in die Säure schütten.

Chemie

- Die wichtigsten chemischen Elemente merkt man sich als:

HONCS

H = Wasserstoff

O – Sauerstoff

N = Stickstoff

C = Kohlenstoff

S = Schwefel

C_6H_6

- Da kaum jemand die Haupt- und Nebengruppen des Periodensystems der Elemente (PSE) wirklich auswendig lernen kann, sind als Eselsbrücken ganz kuriose Merksätze im Umlauf wie z. B.:

Opa **S**chaut **Se**lber **Te**ure **Po**rnos.

Die Anfangsbuchstaben stehen dabei für die Elemente der VI. Hauptgruppe des PSE:

O   für Sauerstoff
S   für Schwefel
Se   für Selen
Te   für Tellur
Po   für Polonium

Chemie

- **F**reundliche **Cl**owns **Br**auchen **I**mmer **A**ntwort.

Dieser Satz steht für die Elemente der VII.
Hauptgruppe des PSE:

F	für Fluor
Cl	für Chlor
Br	für Brom
I	für Jod
At	für Astat

C_6H_6

- **Li**ebe **Be**tty, **B**itte **C**omm **N**icht **O**hne **F**rische **Ne**lken.

Und dieser für die zweite Reihe im PSE:

Li   für Lithium

Be   für Beryllium

B   für Bor

C   für Carboneum (Kohlenstoff)

N   für Nitrogenium (Stickstoff)

O   für Oxygenium (Sauerstoff)

F   für Fluor

Ne   für Neon

Chemie

- **All**e **Alt**en **Glu**cken **M**öchten **Gu**t **I**m **Ga**rten **Ta**nzen.

Vielleicht haben sie Zucker gepickt, aber auf jeden Fall helfen Sie bei der Aufzählung der acht Hexosen. Das sind die Zuckerarten, die jeweils sechs Kohlenstoff-Moleküle aufweisen:

Allose
Altose
Glucose
Manose
Gulose
Idose
Galaktose
Talose

Für die wichtigsten chemischen Formeln gibt es natürlich auch schöne Merksätze.

- **Wirst du des Lebens nicht mehr froh, stürze dich ins H_2O.**
  H_2O – die bekannte Formel für Wasser.

- **H**err **O**ber, **5 H**elle, **2 C**ognac!
  C_2H_5OH – die Formel für Alkohol erhält man, wenn man diese promillereiche Bestellung exakt umdreht.

- **Liebst du nicht Wein, Weib, Gesang und Bier, dann trinke H_2SO_4!**
  H_2SO_4 – die Formel für Schwefelsäure, ein bisschen makaber ist er schon, der Satz, aber gut zu merken.

Sonne,
Mond und
Sterne

Astronomie

Astronomie

Astronomie

Sonne, Mond und Sterne, daran soll sich der Mensch erfreuen.

„Denn wozu sonst dient all der Aufwand von Sonnen und Planeten, von Sternen und Milchstraßen, von Kometen und Nebelflechten, von gewordenen und werdenden Welten, wenn sich nicht zuletzt ein glücklicher Mensch unbewusst seines Daseins erfreut", hat sich schon Goethe gefragt.

Himmelsrichtungen

- **N** ie **O** hne **S** eife **W** aschen!

  Die Anfangsbuchstaben des Satzes ergeben die **Reihenfolge** der Himmelsrichtungen **im Uhrzeigersinn:**
  Nord, **O**st, **S**üd, **W**est.

- **Im Osten geht die Sonne auf,**
  im Süden hält sie Mittagslauf,
  im Westen will sie untergehn,
  im Norden ist sie nie zu sehn.

  Den Lauf der Sonne kann man sich mit diesem Reim
  gut merken.

Astronomie

- **Nord ist rot und Süd ist grün.**

  Die beiden Pole Nord und Süd sind auf dem
  Magnetkompass farbig gekennzeichnet, und sprachlich verwandt sind Pole und Farben in ihren Vokalen.

- **Am Nordpol geht es 'naus,
  der Südpol saugt es auf.**

  Wo das Magneteisen abstößt
  bzw. anzieht, lässt sich auch
  gut über die Buchstaben-
  verwandtschaft der beiden
  Pole merken.

- **Mein Vater erklärt mir jeden Sonntag unsere neun Planeten.**

nämlich:

Mein	**M**erkur
Vater	**V**enus
Erklärt	**E**rde
Mir	**M**ars
Jeden	**J**upiter
Sonntag	**S**aturn
Unsere	**U**ranus
Neun	**N**eptun
Planeten	**P**luto

Astronomie

Wenn aber Pluto mit seiner elliptischen Bahn näher an der Sonne ist als Neptun, heißt der Spruch:

- **Mein Vater erklärt mir jeden Sonntag unsere Planeten neu.**

Die Reihenfolge unserer Planeten konnte man sich bisher mit diesen Sätzen gut merken. Pluto gilt aber seit August 2006 nicht mehr als Planet, sondern trägt fortan nur noch den Status eines Zwergplaneten. So hat es die IAU (Internationale Astronomische Union) beschlossen und verkündet.

Ob die Mondsichel am Himmel einen zunehmenden oder abnehmenden Mond zeigt, kann man sich mit folgender „Krücke" klarmachen. Wir nehmen das „Z" der Schreibschrift für „Z"unehmend, denn es zeigt uns im unteren Teil die Sichel des rechten Halbmondes, des zunehmenden also.

oder einfach

- **D O C**

D	**der Mond nimmt zu**
O	**Vollmond**
C	**der Mond nimmt ab**

Musik

Musik

Musik

„Musik wird oft nicht schön gefunden, weil sie stets mit Geräusch verbunden." Da kann man aber Wilhelm Busch getrost widersprechen, denn Musik wird nicht nur gern gehört, sondern vor allem auch immer noch selbst gemacht.

Wer sich an das Erlernen eines Instruments begibt, muss nicht nur viel üben, sondern auch einiges lernen und manches wissen und ist deshalb dankbar für Merkhilfen der folgenden Art.

Merkwürdig sind manche der Merksätze schon, aber daher eben auch besonders gut zu merken, z. B. für die Reihenfolge der Geigensaiten **G D A E:**

- **G**eh, **d**u **a**lter **E**sel!

  oder

  für die Reihenfolge der Gitarrensaiten **E A D G H E:**

- **E**in **A**nfänger **d**er **G**itarre **h**at **E**ifer.

  Eine **a**lte **d**eutsche **G**itarre **h**ält **e**wig.

  Eine **a**lte **D**ame **g**eht **H**eringe **e**ssen.

  Eine **a**lte **d**umme **G**ans **h**at **E**ier.

Musik

Die Bezeichnung der fünf Notenlinien im Violinschlüssel **E G H D F** merkt man sich mit:

- **E**s **g**eht **h**urtig **d**urch **F**leiß.

oder

- **E**ine **G**eige **h**at **d**er **F**iedler.

Die Noten in den Zwischenräumen der Linien **F A C E** kann man sich mit folgendem Spruch merken:

- **F**ritz **a**ß **C**itronen-**E**is.

Lustig auch der Satz von Cuno, dem Esel, um sich die Reihenfolge einer Oktave von unten nach oben zu merken: **C D E F G A H**

- **C**uno, **d**er **E**sel, **f**abriziert **G**old **a**m **H**intern.

Musik

Einen ziemlich kuriosen Merksatz gibt es für die
Anzahl der Kreuze bei den Kreuztonarten, nämlich:

- **G**eh **(1)**, **d**u **(2)** **a**lter **(3)** **E**sel **(4)**,
  hole **(5)** **F**ische **(6)**.

also:

G	-	Dur	#
D	-	Dur	##
A	-	Dur	###
E	-	Dur	####
H	-	Dur	#####
Fis	-	Dur	######

und entsprechend auch einen für die B-Tonarten:

- **F**ürchte **(1) b**esonders **(2) Es**chen **(3) -Äs**te **(4) des** **(5) ges**amten **(6) Cäs**arenreiches **(7)**.

entsprechend:

F	-	Dur	b
B	-	Dur	bb
Es	-	Dur	bbb
As	-	Dur	bbbb
Des	-	Dur	bbbbb
Ges	-	Dur	bbbbbb
Ces	-	Dur	bbbbbbb

Verkehr

Verkehr

Verkehr

Verkehr ist gefährlich und oft droht Verletzungsgefahr. Die Regeln für ein ungefährliches und reibungsloses Miteinander auf dem Wasser, zu Lande und in der Luft sind entsprechend zahlreich. Die nachfolgende Eselsbrücke sollte man allerdings nicht wörtlich nehmen, sonst gibt's Ärger:

„Wenn jemand mit seiner rechten Hand seinem Gegenüber eine Ohrfeige versetzt, dann bekommt dieser links eine rote Backe." Soll heißen, dass Backbord links und rot ist und Steuerbord grün und rechts.

Luv und Lee

Luv ist die dem Wind zugewandte, Lee die dem Wind abgewandte Seite, und damit man diese nicht verwechselt, gibt es eine kleine Seemannskunde für Landratten:

- L**u**v = z**u**m Wind
  L**ee** = w**e**g vom Wind

  oder:

- Luv ist da, wo man den Wind spüren kann,
  Lee aber auf der „l**ee**ren" Seite.

  oder:

- Wo kein Wind ist, ist das Segel l**ee**r.

Verkehr

Backbord und Steuerbord

Backbord ist links und rot,
Steuerbord rechts und grün.

Das „**R**" in Steuerbord soll in der prekären Lage helfen, denn

- Steue**r**bord ist rechts, Backbord entsprechend links.

Backbord und Steuerbord sind in der Nacht durch die Signallampen rot und grün gekennzeichnet, also links rot und rechts grün. Für gefahrloses Passieren von Schiffen untereinander bei Nacht gibt es folgenden Merksatz:

- **Rot an Rot hat keine Not,
Grün an Grün
kannst du getrost vorüberziehn.**

Straßenverkehr

Für die Sicherheit – vor allem von Kindern – im Straßenverkehr sind folgende Reime gedacht:

- **Rot heißt warten,
  Grün heißt starten.**

- **Zebrastreifen zeigen jedem an,
  wo man sicher gehen kann.**

- **Bei Rot bleibst stehen,
  bei Grün darfst gehen.**

- **Erst links, dann rechts, dann geradeaus,
  so kommst du sicher gut nach Haus.**

Verkehr

Aber auch Erwachsene brauchen immer mal wieder
kleine Warnhinweise wie diese:

- **Links gehen,
  Gefahr sehen.**

- **Zeichen geben,
  länger leben.**

- **Erst kommt der Ball,
  dann kommt das Kind,
  tritt auf die Bremse bloß geschwind.**

- **Rund und Rot,
  heißt Verbot.**

- **Ein Schild mit weißem
  Strich und rotem Ende
  sagt dem Autofahrer: Wende!**

Stop!

Haushalt

Haushalt

Haushalt

„Das bisschen Haushalt macht sich von allein" – oder doch nicht?

Einmal ganz abgesehen von den Gefahren, die im Haushalt lauern, kann man schon ziemlich viel verkehrt und sogar kaputt machen. Damit das nicht passiert, helfen bekannte Merksprüche. Und für den Garten sind auch ein paar gute Tipps dabei.

- **Du sollst nie ohne Grund lackieren!**

  was einfach so viel heißt, dass vor dem Lackieren
  der Grund gut vorbereitet sein sollte, damit das
  Ergebnis Freude macht und lange hält.

- **Fensterputz bei Sonnenschein
  bringt dir nur Enttäuschung ein.**

- **Nasse Pullover auf dem Bügel,
  das verdient Prügel.**

Haushalt

- **Das Ei platzt auf beim Kochen,
  wird kein Loch gestochen.**

- **Ein paar Körner Reis im Fass,
  Salz bleibt trocken, wird nicht nass.**

- **Asche macht der Laus
  auf die Dauer den Garaus.**

  Blattläuse, die sich auf Zimmerpflanzen nieder-
  gelassen haben, suchen schnell das Weite, wenn
  man Zigarettenasche über die Blätter streut und
  auf der Erde verteilt.

- **Zucker mit Petroleum –
  Ameis' kehrt schon um.**

- **Wenn die Schwalben tiefer fliegen,
  werden wir bald Regen kriegen.**

- **Morgenrot in Ost
  bringt schöne Wetterpost.**

Haushalt

- **Tomaten beim Kohl,
  Raupen lebt wohl.**

  Die Larven der Kohlweißlinge fressen – wie ihr
  Name schon sagt – gerne die Blätter von Kohl-
  köpfen. Ganz einfach wird man die Schädlinge
  los, indem man Tomatenpflanzen neben den
  Kohl pflanzt. Die Kohlweißlinge mögen nämlich
  den Geruch der Tomatenpflanze nicht.

- **Von der Zitrone etwas Saft
  gibt der Sahne Halt und Kraft.**

- **Mehlteig wird, wie es gebührt,
  immer kalt nur angerührt.**

- **Bei Frauen und bei Zirren
  kann man sich manchmal irren.**

  denn in der Regel künden Zirruswolken von
  einer herannahenden Warmfront mit ergiebigem
  Regen, aber es muss nicht unbedingt so sein.

So ist das eben mit den Weisheiten:

Irrtum nicht ausgeschlossen!

Ende gut,
alles gut...

Vermischtes

Vermischtes

Vermischtes

Große Weisheiten und kleine Dummheiten – alles findet sich bei den Merksprüchen und Eselsbrücken für den Alltag. Manches ist gut und ernst gemeint, anderes nur eine lustige Krücke als Hilfe gegen die alltägliche Vergesslichkeit oder als erste Hilfe, wenn es mal schlecht gelaufen ist.

Umgeknickt, der Knöchel ist verstaucht,
dann heißt es

- **R U H E**

nämlich

R uhe
U mschläge
H ochlegen
E is

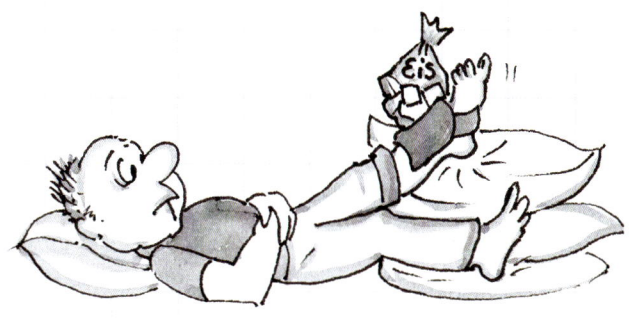

Vermischtes

Bei Verdacht auf Knochenbruch jedoch

● **P E C H**

P ause
E is
C ompressionsverband
H ilfe (Arzt) holen

Ist die Lage ernster und sofort erste Hilfe zu leisten und der Notarzt über die Situation am Unfallort zu informieren, dann müssen wir uns erinnern an

● **G A B I**

G ibt der/die Verletzte **A** ntwort?
B lutet er/sie? **I** st der Puls normal?

- **30 Tage hat November,
  April, der Juni und September.**

  Oder: Die Fäuste mit den Daumen gegeneinander-
  legen und beim Knöchel des linken kleinen Fingers
  anfangen zu zählen, der steht nämlich für den
  Januar. Die anderen Knöchel verweisen auf die
  Monate mit 31 Tagen, die Knöchel-Zwischenräu-
  me auf die Monate mit 30 Tagen sowie den Februar
  mit 28 bzw. 29 Tagen.